おやさと案内

天理教入門

はじめてシリーズ——❶

メッセージ

天理の街に一歩足を踏み入れると、「ようこそおかえり」のアーチや看板が目に飛び込んできます。「ぢば」は、神様（親神様《おやがみさま》）がこの世と人間を創造されるとき、人間を最初に宿し込まれたところです。もし、あなたが〝初めて訪れたのに、なぜか懐かしさを覚える〟という気がするのならば、それも決して不思議ではないでしょう。

あるとき、教祖中山《なかやま》みき様（「おやさま」とお呼びしています）は、各所の参り信心をしていた人に対して、

「あっちこっちと、えらい遠回りをしておいでたんやなあ。ここへお出《い》でたら、みんなおいでになるのに」と、あるいは「社《やしろ》にても寺にても、詣《まい》る所、手にたとえば、指一本ずつのごときものなり。本《もと》の地《じ》は、両手両指のそろいたるごときものなり」とおっしゃったといいます。人間創造の元のぢばであればこそ、安心して親なる神様にもたれて通れる道があると教えられているのです。

幸せへの道しるべとして、これから、人間の魂のふるさと「親里《おやさと》・ぢば」へ誘《いざな》いましょう。

※天理市…宗教教団名を冠した唯一の市。昭和29年（1954年）4月に発足。令和2年3月現在の人口約6万4千人。

［目 次］

親里《おやさと》・ぢば

元の一点から四方に広がった

その昔、いま親里といわれている所は、大和国山辺郡《やまとのくにやまべごおり》庄屋敷村《しょやしき》（現・奈良県天理市三島町《みしま》）という、一農村にすぎませんでした。

ところが、幕末の天保《てんぽう》九年（一八三八年）十月二十六日、時満ちて、激変することになります。「元《もと》の神・実《じつ》の神」なる親神様《おやがみさま》が、中山みき様（教祖《おやさま》）に入り込み、その口を通して、この世の表に初めてあらわれ出られたからです。

そして〝月日《つきひ》のやしろ〟となられた教祖から、人間の親は親神様であり、人間が互いにたすけ合って陽気ぐらしをするのを見て、ともに楽しむためにという、人間創造の目的がはっきりと示されました。

その創造の元の場所が「ぢば」であり、周辺を含めて「親里」と呼んでいます。

「ぢば」には親神天理王命《てんりおうのみこと》がお鎮まりくだされ、祈りをささげるために、多くの人々が帰ってきます。病気に苦しむ人、家庭の問題に悩む人、たすけられたお礼に来る人――国内はもとより、遠く海外からも大勢の老《ろう》若男女《にゃくなんにょ》が帰ってくるのです。

上空から神殿と教祖殿を望む

神殿《しんでん》・礼拝場《らいはいじょう》

四方から拝せる、どこにもない参り所

神殿と礼拝場は、「ぢば」を中心に建てられています。中央の棟が神殿で、それを取り囲んで東西南北に礼拝場があります。四方から拝めるようになっており、たとえば南礼拝場で「かんろだい」〈↓左ページコラム参照〉に向かって座ると、北礼拝場で参拝している人と向き合う形になり、その様子は、さながら互いに拝みあっているように見えます。

神殿では、毎日の朝夕のおつとめ、毎月二十六日には月次祭《つきなみさい》などが勤められます。

礼拝場は一年三百六十五日、二十四時間開放されてお

北礼拝場……大正２年（1913年）に竣工《しゅんこう》。
神殿・南礼拝場……昭和９年（1934年）に竣工。
西礼拝場……昭和56年（1981年）に竣工。
東礼拝場……昭和59年（1984年）に竣工。同時に神殿上段改修。

り、祈りをささげる人々の姿が絶えることはありません。

かんろだい

「かんろだい」とは、人間創造の元の地点である証拠として「ぢば」に据えられ礼拝の目標となっている台のこと。六角形をした大小13の部分を積み重ねて造られている。その形状や寸法などは、すべて教祖《おやさま》が詳しく教えられたものである。

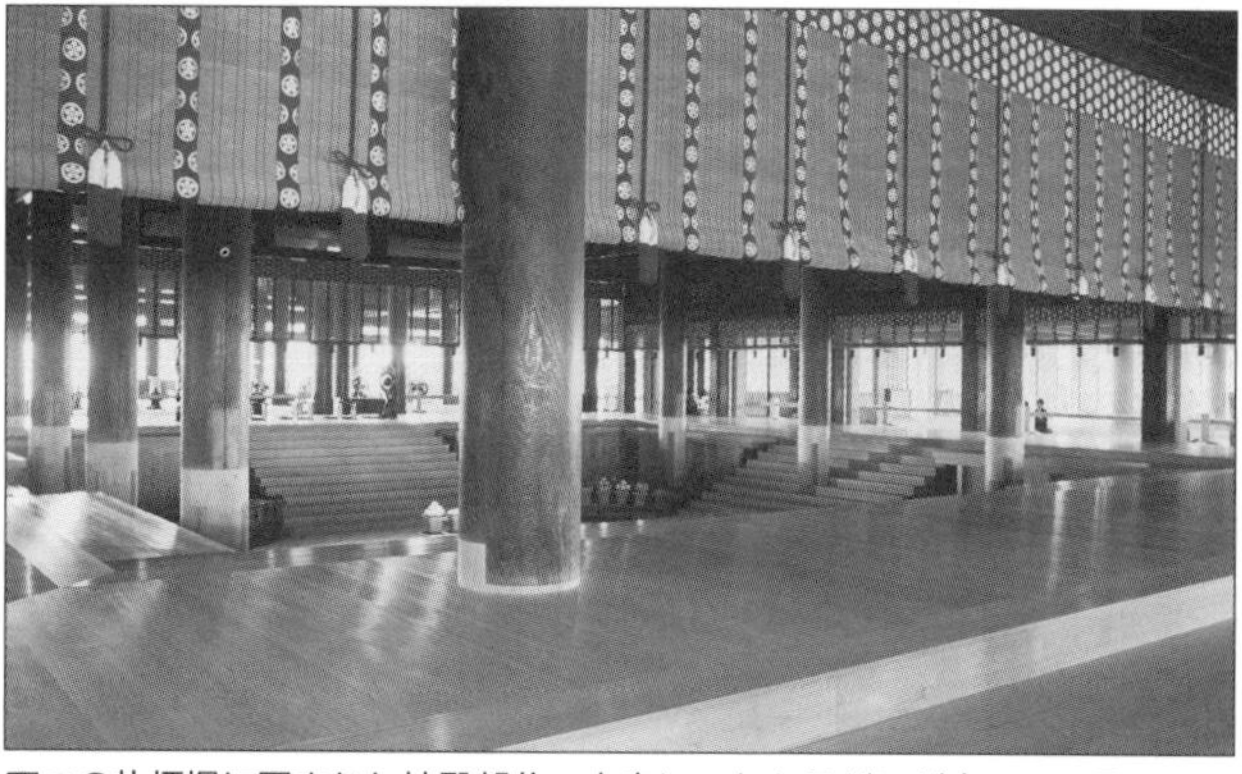

四つの礼拝場に囲まれた神殿部分。中央に、かんろだいが立っている

神殿周辺案内図

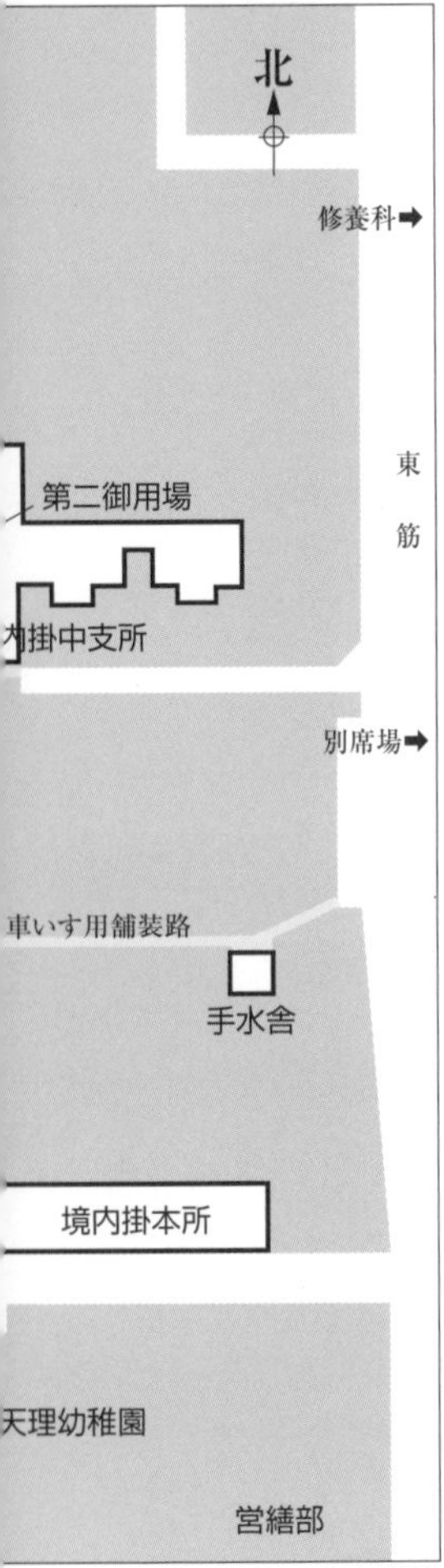

※令和２年６月現在

参拝のしかた

①神殿中心にある「ぢば・かんろだい」に向かって座ります。

②両手をついて一拝し、四拍手、両手をついて礼拝します。
日々のお礼やお願いごとなどを申し上げます。

③礼拝が終わったら四拍手し、両手をついて一拝します。

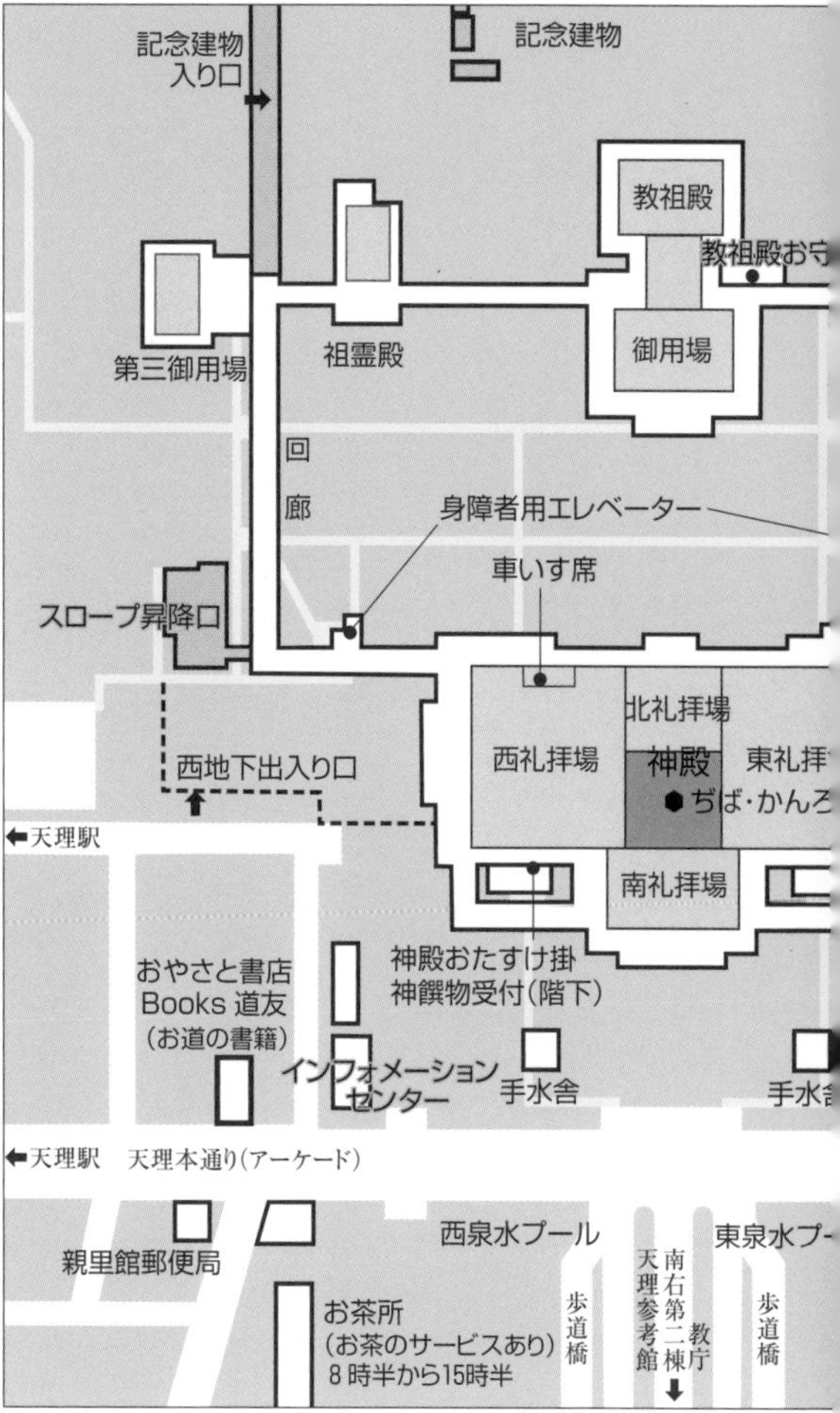

※参拝時に車いす、つえを必要とされる場合は、神苑各所に立哨《りっしょう》している境内掛員にお尋ねください。

※拾得物については境内掛本所へ。

教祖殿《きょうそでん》

存命の教祖《おやさま》が住まわれる

親里《おやさと》の午後二時。響きわたるミュージックサイレンとともに、しばし街の動きが止まります。教祖中山みき様が、お姿をかくされた、明治二十年（一八八七年）陰暦正月二十六日午後二時を偲《しの》んで、人々は黙禱《もくとう》をささげます。

教祖中山みき様のことを、天理教の信仰者は「おやさま」と呼んでお慕いしています。教祖は、天保《てんぽう》九年（一八三八年）十月二十六日に「月日のやしろ」となられて以降、およそ五十年にわたり、人々を陽気ぐらしの道へ

＊教祖殿・御用場…昭和8年（1933年）に竣工《しゅんこう》。教祖殿と御用場、その間をつなぐ合殿《あいでん》を合わせて全体を教祖殿とも呼ぶ。

と教え導かれました。その道すがらは、人間の踏み行うべき手本として「ひながたの道」と呼ばれています。

教祖のお姿は見えなくても、いまもなお存命のまま、世界中の人々をたすけ上げるために、日夜お働きくださっているのです。

存命の教祖を慕うたくさんの人々が訪れる

祖霊殿《それいでん》

祖霊殿では、この教えを広め、人だすけに尽くした先人をお祀《まつ》りして、生前のご苦労を偲《しの》び、遺徳をたたえてお礼申し上げています。

三舎があり、中央に中山家の祖霊《みたま》を、向かって右につとめ人衆の祖霊を、左に教会長およびようぼく・信者の祖霊を祀っています。

天理教では、死を「出直《でなお》し」といいます。死とは、「古い着物を脱いで、新しい着物と着替えるようなもの」と教えられています。

毎年三月二十七日に春季霊祭、九月二十七日に秋季霊祭が執り行われます。

＊祖霊殿…大正3年（1914年）教祖殿として建築、昭和8年（1933年）に現教祖殿が出来て以降、祖霊殿として使用されるようになった。

回廊《かいろう》

東西南北の礼拝場、教祖殿、祖霊殿を結ぶ回廊は、一周およそ八百メートル。階下には、随所にトイレと車いす用エレベーターが設けられています。

回廊を歩いていると、木の床を白い布で乾拭《からぶ》きしている人の姿を目にします。これは、定められた修行ではありません。天理教では、親神様の守護によって生かされている喜びを表す自発的な行為を「ひのきしん」〈→36ページ参照〉と呼び、回廊拭きも、その一つの姿なのです。

長い年月をかけて、多くの人々によって磨き込まれた木の床は、温かな光を放っています。

＊回廊…神殿・南礼拝場が出来た昭和9年、教祖殿とをつないで竣工《しゅんこう》。東西礼拝場が出来て（同59年）いっそう延長された。

親里周辺施設

天理大学附属天理図書館

約百五十万冊の蔵書を有する「天理図書館」は、国宝六点、重要文化財八十六点をはじめ、国内外の貴重書を数多く所蔵しています。質・量ともに日本屈指の図書館として、その名は海外にも知られています。毎年十月に開館記念展を開催。また、国宝などの貴重な資料をデジタル画像で閲覧できます。

天理大学附属天理参考館

「天理参考館」は、世界各地の考古学・民族学資料などを収蔵する〝博物館〟です。資料の内容は、アジアをは

じめヨーロッパ、オリエント、アメリカ、オセアニアなど広範囲にわたり、その数三十万点に及びます。各国の生活資料を公開する常設展をはじめ、企画展やワークショップなど多彩なイベントが催されています。

天理よろづ相談所病院「憩《いこい》の家」

「憩の家」の名称で知られる病院。健康を損なった人に、体の患いだけでなく、心の疲れも癒やして元気を取り戻してもらう〝憩の家〟でありたい、との願いが込められています。そのため、「医療」「信仰」「生活」の各面からの救済を目指し、病院の役割を担う「身上部《みじょうぶ》」、教えに基づいて助言する「事情部」、患者の生活上の相談や、医療従事者の育成を担う「世話部」の三つの部門が設けられています。

陽気ぐらし

私たちが暮らすこの世界は、どうやって創《つく》られたのか。人間は何のために生きているのか。そうした、人々が古来持ち続けてきた根本的な問いに対する明確な答えが、天理教では具体的に示されています。

親神様《おやがみさま》は、人間が等しく親神の子として互いにたすけ合う「陽気ぐらし」を見て共に楽しみたいとの思いから、人間と世界を創り、絶え間なく守り育《はぐく》まれてきました。

したがって、私たち人間は、日々の生活のなかで「陽気ぐらし」にふさわしい心になるよう、親神様から大きな期待がかけられているのです。それは、自己中心的な心づかいをやめて、他者の幸せを願い、たすけ合う心へ

と成長していくことです。

病気やつらいことが起きても、それは私たち人間の心を育てるための〝神様からの手引き〟にほかなりません。つらく悲しい出来事でさえ、実は神様による導きであるという真実に目覚めたとき、何ごとも前向きに受けとめ、明るく陽気に生きていくことができるでしょう。さらに、その思いは、神様に対する感謝と喜びを生み、私欲を忘れて他者のために行動する「ひのきしん」へとつながっていきます。

天理教の信仰はすべて、教祖中山みき様の口を通して教えられた親神様からの啓示《おつげ》に基づいています。教祖《おやさま》は、「陽気ぐらし」に近づく生き方を、私たちに分かりやすい言葉で伝え、文字に記し、自らの行動で教えられました。

親神様《おやがみさま》

親神天理王命《てんりおうのみこと》は、この世と人間をお創《はじ》めくだされた〝元《もと》の神様〟であり、火水風《ひみずかぜ》をはじめ、人間身の内のぬくみ、水気《すいき》、息一すじに至るまで、この世の一切の守護をなしくださる〝実《じつ》の神様〟です。

人間を創《つく》り育てられた親なる神様であるところから「親神様」と呼んで敬《うやま》い親しんでいます。神名は「天理王命」と申し上げます。

親神様は、この世と人間を創り、今も変わることなくその一切を守護している「神」であり、天にては、世界を隈《くま》なく照らし、ぬくみとうるおいをもって、夜となく昼となく万物を育《はぐく》む「月日」であり、さらには、喜びも

悲しみも親身に打ち明け、すがることのできる「をや（親）」であることを示されました。

「をや」という語には、生み出すものという創造神としての性格、守るものという守護神としての性格、一れつ子供をたすけたいという救済神としての性格が含まれているともいわれます。さらに、育てる、導くといった働きも含意されています。

神と人間は、真の親子であるという点に教えの神髄があります。したがって、人間は親神の下には互いに兄弟姉妹《きょうだい》なのです。そして、この道は、子供可愛《かわい》い親心からお付けくだされた、たすけ一条の道なのです。

教祖《おやさま》

月日《つきひ》のやしろ

教祖中山みき様のことを、天理教の信仰者は「おやさま」と呼んでお慕いしています。

教祖は、大和国《やまとのくに》山辺郡《やまべごおり》庄屋敷《しょやしき》村（現・奈良県天理市三《み》島《しま》町）の農家である中山家の主婦でした。ところが四十一歳のとき、「我《われ》は元《もと》の神・実《じつ》の神である。この屋敷にいんねんあり。このたび、世界一れつをたすけるために天降《あまくだ》った。みきを神のやしろに貰《もら》い受けたい」と、みき様の口を通して親神様の啓示《おつげ》があり、天保《てんぽう》九年（一八三八年）十月二十六日、「月日のやしろ」と定まられました。

教祖ご生家（天理市三昧田町）

以来、教祖は、親神様の思召《おぼしめし》によって、貧しい人々への施しに家財を傾けて、貧に落ち切る道を急がれました。このような、常人には理解し難《がた》いお振る舞いは、親族の反対はもとより、世間の嘲笑《ちょうしょう》を招かずにはいませんでした。しかし、そのなかを常に明るく勇んでお過ごしになり、時には食べるに事欠くなかも「水を飲めば水の味がする。親神様が結構にお与え下されてある」と、子供たちを励ましながらお通りになりました。

つとめ完成への道

やがて「をびや許し」(安産の守護)をはじめとする不思議なたすけが次々と顕《あらわ》れ、教祖を「生き神様」と慕う人々が現れ始めました。教祖は寄り来る人々に、世界たすけの手立てである「つとめ」を教えられ、「おふでさ

つとめ場所――元治元年(1864年)、寄り来る信者らの真実によって始まった本教最初の神殿普請。教祖は、竣工《しゅんこう》後から明治８年(1875年)までここで過ごされた。明治21年(1888年)に増築され、現在は記念建物として教祖殿北庭に保存されている。

き」をもって世界救済への道の全容を示し、「さづけ」を渡し、「ぢば」を定め、つとめ完成への道を急がれました。

そうした中、教えは次第に広まり、教祖を慕う人々が増えて行きましたが、それに伴って官憲の迫害干渉が激しさを加え、教祖にも十数度にわたる警察や監獄への御苦労が降りかかることになりました。しかし教祖は、常に「ふしから芽が出る」と仰せられ、かえっていそいそと獄舎へお出かけになり、変わることなく、つとめの実行を促されました。

いまもご存命のまま

その後も、ご高齢の教祖を気づかうあまり、官憲の圧迫と神意の実行の間で揺れる人々を、教祖は懇《ねんご》ろに諭し、

中南の門屋――明治8年(1875年)完成。教祖は、西側の10畳の部屋をお居間とされ、寄り来る人々に親神様の思召を伝えられた。

仕込まれました。そして、明治二十年（一八八七年）陰暦正月二十六日、一同「命捨てても」の決心のもとに勤められたつとめの終わるころ、御齢《おんとし》九十歳で現身《うつしみ》をおかくしになりました。

教祖は、このように五十年にわたる「ひながたの道」（人間の生き方の手本）を残されたばかりでなく、いまもご存命のままお働きくだされ、私たち人間を陽気ぐらしへとお導きくだされています。

御休息所——明治16年（1883年）完成。教祖は、それまでの中南の門屋からここへ移られ、現身おかくしまでお住まいになった。

元の理

天理教では、「元の理」というお話の中で、人間は何のために、だれによって、いつ、どこで、どのように創《つく》られたかが明示されています。

「元の理」は、「元初《もとはじ》まりの話」とも呼ばれ、人間創造の説話を通して、人間存在の根本原理を明かされたものです。また、「つとめの理話《りばなし》」ともいわれ、つとめによってなぜたすかるのか、また、なぜつとめをそのように勤めるのかという「かぐらづとめ」の理合いを明らかにする話でもあります。

また、単なる人間創造の説話ではなく、今も変わらぬ人間世界の成り立ちの基本原理をお示しになった話であ

り、教えの根幹をなすといってもよい大切なものです。
その概略は、次の通りです。

㋑ 親神様《おやがみさま》は子供である人間を創り、その陽気ぐらしを見て共に楽しみたいと思召《おぼしめ》して人間を創造された。

㋺ まず夫婦の雛型《ひながた》をこしらえようと、うをとみを引き寄せ、最初に産みおろす子数の年限が経《た》った暁《あかつき》に、神として拝をさせるとの約束のもと、承知をさせて貰《もら》い受けられた。

㋩ さらに、六種の道具衆を引き寄せ、承知をさせて貰い受け、食べてその性《しょう》を見定め、それぞれに応じた役割に使われた。

㋥ 泥海《どろうみ》中のどぢよを皆食べて、これを人間の種《たね》とし、夫婦の雛型に月日が入り込み、元のぢばで、九億九万九千九百九十九人の子数を宿し込まれた。

㋭最初は五分《ぶ》から生まれ、九十九年ごとに三度の出直《でなお》し、生まれ替わりを重ね、四寸《すん》まで成人して皆出直した。

㋬そののち、虫、鳥、畜類《ちくるい》などと八千八度《はっせんやたび》の生まれ替わりを経て、最後にめざるが一匹残った。その胎《はら》に男女各五人の人間が宿り、五分から生まれだんだんと成人するとともに、海山、天地なども次第に形づくられ、五尺になったとき、世界は出来、人間は陸上の生活をするようになった。

㋣この間、九億九万年は水中の住居《すまい》、六千年は知恵の仕込み、三千九百九十九年は文字の仕込みをもって育てられ、子数の年限を経過した約束の時が立教の元一日である。

十全《じゅうぜん》の守護

親神様《おやがみさま》の広大無辺なご守護を、十の守護の理をもって体系的に説き分け、それぞれに神名《かみな》を配し、分かりやすく、覚えやすいようにお教えくださっています。

これらの神名は、人間世界をお創《はじ》めになるに際して、親神様のお心に溶け込んで、一手一《いってひと》つに働かれた道具衆の働きの理に授けられたものです。

そして、それぞれに、ぢばを囲んでの「かぐらづとめ」の十人のつとめ人衆が対応しています。

かぐらづとめにおいて向かい合う人衆に相当する守護の理は、互いに対《つい》になっていて、相補的な関係にあります。

神名	はたらき
くにとこたちのみこと	人間身の内の眼《め》うるおい、世界では水の守護の理。
をもたりのみこと	人間身の内のぬくみ、世界では火の守護の理。
くにさづちのみこと	人間身の内の女一《おんないち》の道具、皮つなぎ、世界では万《よろず》つなぎの守護の理。
月よみのみこと	人間身の内の男一《おとこいち》の道具、骨つっぱり、世界では万つっぱりの守護の理。
くもよみのみこと	人間身の内の飲み食い出入り、世界では水気《すいき》上げ下げの守護の理。
かしこねのみこと	人間身の内の息吹き分け、世界では風の守護の理。
たいしよく天のみこと	出産の時、親と子の胎縁を切り、出直しの時、息を引きとる世話、世界では切ること一切の守護の理。
をふとのべのみこと	出産の時、親の胎内から子を引き出す世話、世界では引き出し一切の守護の理。
いざなぎのみこと	男雛型《ひながた》・種《たね》の理。
いざなみのみこと	女雛型・苗代《なわしろ》の理。

……「かぐらづとめ」にみる道具衆の位置関係……

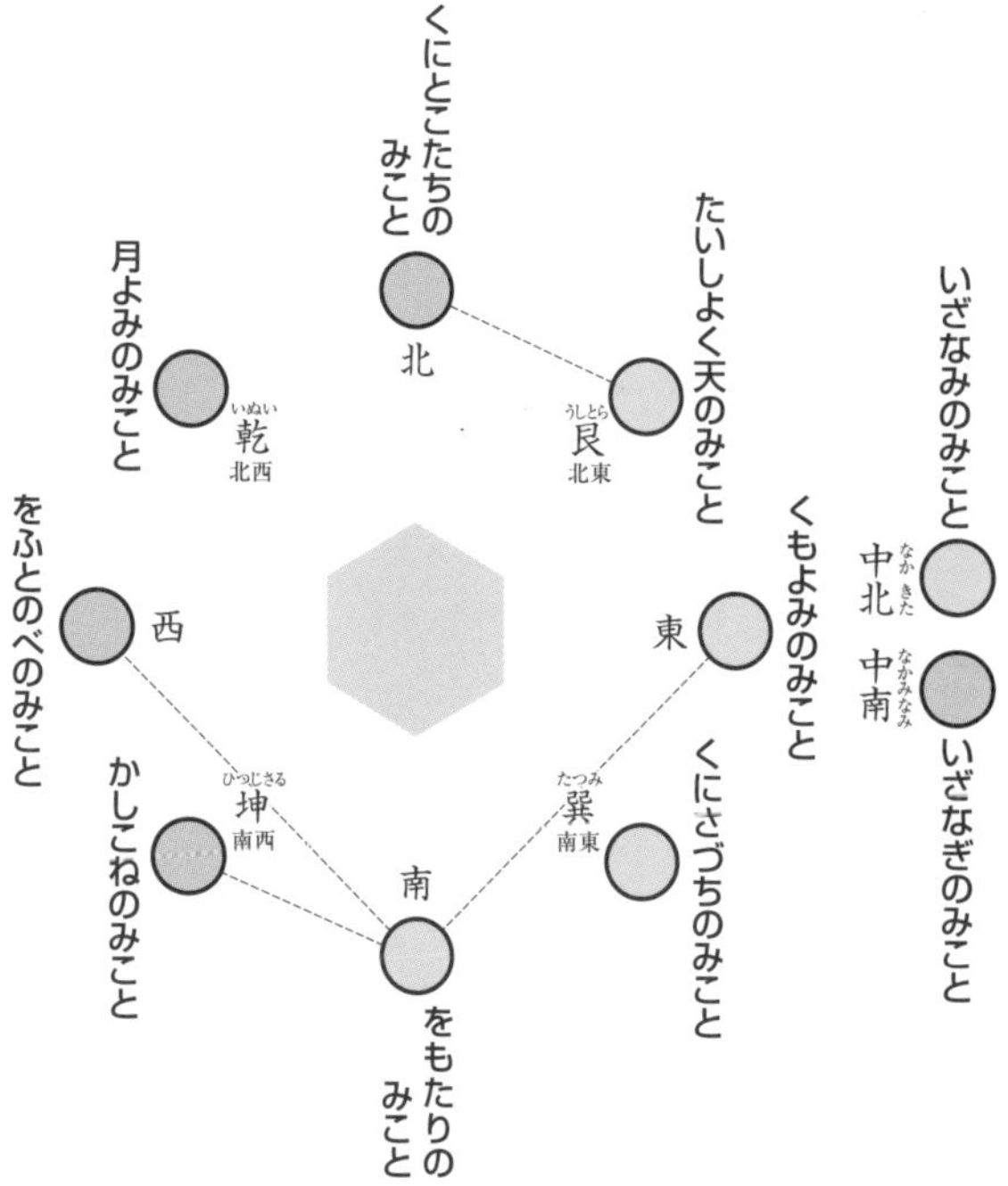

＊「中南」「中北」のお役は、中心にかんろだいがあるため、東寄りでお勤めになっています。

＊◯のつとめ人衆は男面を着用、◯のつとめ人衆は女面を着用。

つとめ

「つとめ」は、天理教における最も大切な祭儀で、たすけ一条の道の根本の手立てです。第一義的には、本部神殿で勤められる「かぐらづとめ」を指します。つとめは「かぐら」を主とし、「てをどり」に及びます。

かぐらは、十人のつとめ人衆が、「ぢば・かんろだい」を囲んで、人間世界創造に際しての親神様《おやがみさま》のお働きを手振りに表して勤めることによって、元初《もとはじ》まりの親神様のご守護を今に頂き、よろづたすけの成就《じょうじゅ》と陽気ぐらしの世への建て替えを祈念するものです。

かぐらに続いて、神殿上段で男女三人ずつによる、てをどりが勤められます。いずれも、つとめの地歌である

「みかぐらうた」と、九つの鳴物《なりもの》の調べに合わせて、陽気に、一手一《いってひと》つに勤められます。

つとめは、また、その意味合いの上から「ようきづとめ」「たすけづとめ」「かんろだいづとめ」とも呼ばれます。

教会本部では、立教の日柄である十月二十六日に秋季大祭（午前八時から）、教祖《おやさま》が現身《うつしみ》をかくされた日柄に当たる一月二十六日に春季大祭（午前十一時三十分から）が勤められ、それ以外の月は二十六日に月次祭《つきなみさい》（午前九時から）が勤められます。また四月十八日には教祖誕生祭（午前十時から）、元日には元旦祭（午前五時から）が勤められます。

かしもの・かりもの

だれもが自分のものであると思って使っている身体《からだ》ですが、親神様《おやがみさま》は次のようにお教えくださっています。

「人間というものは、身はかりもの、心一つが我がのもの。たった一つの心より、どんな理も日々《にちにち》出る」(おさしづ　明治二十二年二月十四日)

この身体は親神様からの「かりもの」で、「心」だけが自分のものであり、その心通りに身の内をはじめとする身の周りの一切をご守護くださるのです。

したがって、借りものである身体を、貸し主である親神様の思召《おぼしめし》に適《かな》うように使うことが肝心です。この真実

を知らず、銘々に勝手気ままな心の使い方をしていると、その身に十全《じゅうぜん》なるご守護を頂くことができなくなり、ついには不自由を味わうことさえあります。

親神様は、この思召に沿わぬ自分中心の心づかいを「ほこり」にたとえ、たえず掃除をすることを求められています。

また、親神様の十全なるご守護に与《あずか》ることのできる心づかいは誠の心であり、その最たるものは「人をたすける心」であると教えられます。

かりものである身上《みじょう》（身体）は、いずれはお返しすることになります。これが「出直《でなお》し」です。

そして、末代《まつだい》の理である銘々の魂《たましい》に、新しい身体をお借りしてこの世に帰ってくることを「生まれ替わり」と教えられます。

ひのきしん

「ひのきしん」とは、親神様《おやがみさま》のご守護に感謝をささげる自発的な行為をいいます。

一般的には、寄進《きしん》は「寺社などに金銭・物品を寄付すること」(『広辞苑』)を意味しますが、天理教では、身をもってする神恩報謝の行いをも、親神様は寄進としてお受け取りくださると教えられます。

したがって、貧富や老若男女《ろうにゃくなんにょ》の別なく、真実の心一つでだれにでもできるものです。

天理教の教えの基準となる『天理教教典』には、「日々常々、何事につけ、親神の恵《めぐみ》を切《せつ》に身に感じる時、感謝の喜びは、自《おのずか》らその態度や行為《おこない》にあらわれる。これを、ひのきしんと教えられる」とあります。信仰のままに、感謝の心から、喜び勇んで事に当たるならば、それはことごとく、ひのきしんとなるのです。

ひのきしんに漢字を当てると「日の寄進」となるところから、「日々に親神様に寄進をする心で暮らすこと」、あるいは「日を寄進する」、すなわち、一日の働きをお供えすること、とも解されます。

心のほこり

親神様《おやがみさま》の思召《おぼしめし》に沿わない心づかいを「ほこり」にたとえてお諭《さと》しくださいます。ほこりは吹けば飛ぶような些細《ささい》なものですが、油断をしていると、いつの間にか積もり重なり、ついには、ちょっとやそっとではきれいにならないものです。

それと同様に、心づかいは銘々に〝我がの理〟として許されてはいますが、思召に適《かな》わない自分中心の勝手な心を使っていると、やがて心は曇り濁《にご》って、親神様の思召も悟れなければ、十分なご守護も頂けなくなってしまいます。これが、身上《みじょう》の障《さわ》り、事情のもつれともなって現れます。

このほこりの心づかいを反省し、払う手掛かりとして、おしい、ほしい、にくい、かわい、うらみ、はらだち、よく、こうまんの八つのほこり〈↓40ページ参照〉を挙げ、さらに「うそとついしょこれきらい」と心づかいの間違いを戒められています。教えの理を聞き分け、心の定規《じょうぎ》として心づかいを改めるならば、心はすきやかとなり、身も鮮やかに治まります。これを「神がほうき」と仰せられます。

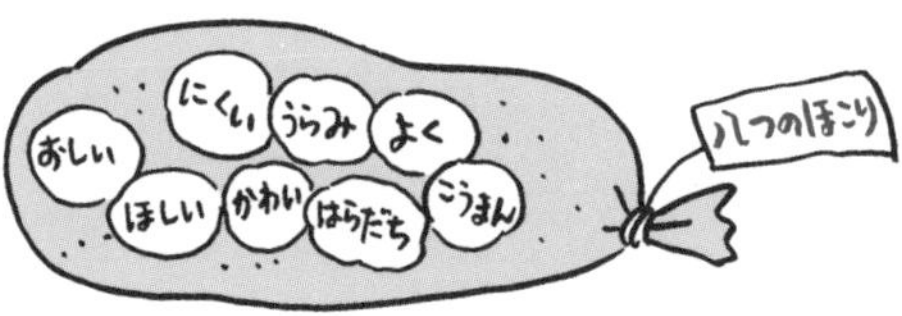

八つのほこり

おしい　心の働き、身の働きを惜《お》しみ、税金や納めるべき物を出し惜しむ。また、世のため、人のための相応の務めを欠き、あるいは、借りた物を返すのを惜しんだり、嫌なことを人にさせて自分は楽をしたいという心。

ほしい　努力を怠《おこた》り、十分な働きもしないで金銭を欲しがり、分不相応に良い物を着たい、食べたい、また、何によらず、あるがうえにも欲しいという心。

にくい　人の助言や忠告をかえって悪く取って、その人を憎む。また、嫁姑《よめしゅうとめ》など身内同士の憎み合い。さらには、人の陰口を言ってそしり、笑い、あるいは罪を憎まず人を憎むという心。

かわい　自分さえ良ければ人はどうでもよい。わが子への愛に引かされて食べ物、着物の好き嫌いを言わせ、仕込むべきことも仕込まず、間違ったことも注意しないで、気ままにさせておくという心。また、自分のために人を悪く言うのもほこり。

うらみ 体面を傷つけた、望みを妨げた、どう言ったと、自分の不徳を思わず、人を恨み、根に持つような心。

はらだち 人が悪いことを言った、意に反することをしたと腹を立てる。理を立てず、我《が》を通し、相手の言い分に耳を貸そうとしないで腹を立てるような心。

よく 人より多く身につけたい、取れるだけ取りたいという心。数量をごまかし、人を欺《だま》して利をかすめ、あるいは盗み、取り込むなど、何によらず人の物をただわが身につけるのは強欲。また、色情に溺《おぼ》れるのは色欲。

こうまん 力もないのに自惚《うぬぼ》れ、威張り、富や地位をかさに着て人を見下し、踏みつけにする。また、頭の良いのを鼻にかけて人を侮《あなど》り、人の欠点を探す、あるいは知らないことを知ったふりをするような心。

出直《でなお》し・生まれ替わり

天理教では、人の死を「出直し」といいます。親神様《おやがみさま》からの「かりもの」である身体《からだ》をお返しするという意味です。教祖《おやさま》は「古い着物を脱いで、新しい着物と着替えるようなもの」と教えられました。

出直しの語は元来、「最初からもう一度やり直すこと」を意味することからも察せられるように、死は再生の契機であり、それぞれの魂《たましい》に応じて、また新しい身体を借りてこの世に帰ってくる「生まれ替わり」のための出発点であることが含まれています。

前生《ぜんしょう》までの〝心の道〟であるいんねんを刻んだ魂は、新しい身体を借りて蘇《よみがえ》り、今生の心づかいによる変容を

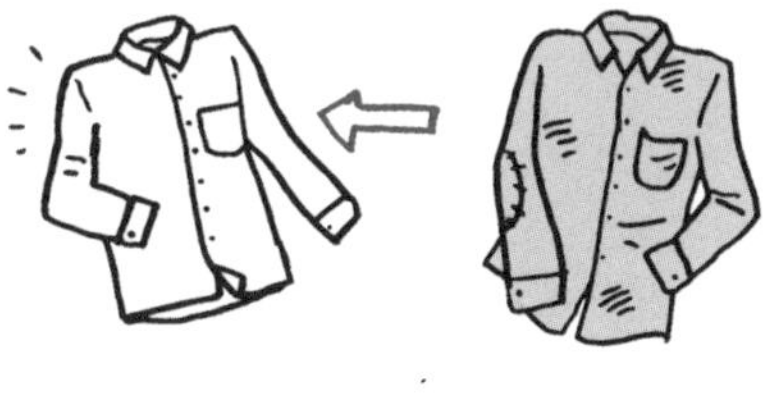

受け、「出直し」「生まれ替わり」を経て、また来生へと生まれ出ます。

死は、それで終わり、それっきりというようなものではなく、生まれ替わり、つまり再生のための節目、出発点であるということです。

連綿と続く生命の営み、命のサイクルの節目を言い表す「出直し」「生まれ替わり」。その言葉自体に、死というものが終わりではなく、再生へのスタートであり、誕生が単なる生命の始まりではなく、前生を引き継いでいるものであることが含意されています。親神様が人間を陽気ぐらしへとお導き下さる大きな時の流れの中での生まれ替わりを繰り返しながら、成人への歩みが進められていくのです。

さづけ

「さづけ」とは、病む人に取り次いで身上《みじょう》回復のご守護を願うものです。親神様《おやがみさま》は取り次ぐ者と取り次がれる者の心の真実をお受け取りくださって、どのような不思議なたすけもお現しくださいます。

「さづけの理」は、九度の別席《べっせき》順序を運んで心を洗い立て、たすけ一条を誓って願い出るところにお授けくださいます。おさづけの理を戴《いただ》いた人を「ようぼく」と呼びます。

ようぼくとは、陽気ぐらし世界建設のための人材、用材という意味です。その使命は、教祖《おやさま》の教えを人々に伝え、陽気ぐらし世界の建設に力を尽くすことです。

別席《べっせき》

別席は「おさづけの理」を戴くために、おぢばで聴かせていただく親神様のお話です。このお話を聴くことを「別席を運ぶ」といいます。満十七歳以上なら、だれでも運ぶことができます。

別席では、聞き落としや取り違いのないように、同じ理のお話を九回聴きます。一席、二席と運ぶ中で、これまでの通り方を振り返り、お話の理によってだんだんと心を洗い立て、入れ替えるとともに、心に治まったところを身に行うことが大切です。

そして九席目で満席となり、尊い天の与えである、おさづけの理を戴くことができます。

親里案内図

名阪国道
天理東インターチェンジ
豊田山墓地
北大路
記念建物
祖霊殿
教祖殿
神殿
修養科
別席場
東筋
東循環道
天理教校
境内掛本所
よろづ相談所
の家」
館(南病棟)
参道
やさと書店
ケード)
インフォメーションセンター
お茶所
天理幼稚園
福住
布留川
親里大路
南右第二棟
天理参考館
南参道
教庁
天理小学校
天理大学
石上神宮
南大路
天理高校
天理図書館
山の辺の道
天理トンネル
P 参拝者専用駐車場(無料)

北
奈良・京都
西名阪自動車道
天理インターチェンジ
天理医療
天理よろづ相談所「憩の家」東・西病
天理よろづ相談所「憩の家」外来診療
JR万葉まほろば線
天理警察署
国道169号
大阪・京都・橿原
近鉄天理線
天理駅
バス
タクシー乗り場
中大路
天理大学体育学部
コフフン
天理本
西循環道
道友社
天理市民会館
(やまのべホール)
国道25号
丹波市小学校
天理消防署
桜井

※令和2年6月現在

お道の本　取扱所

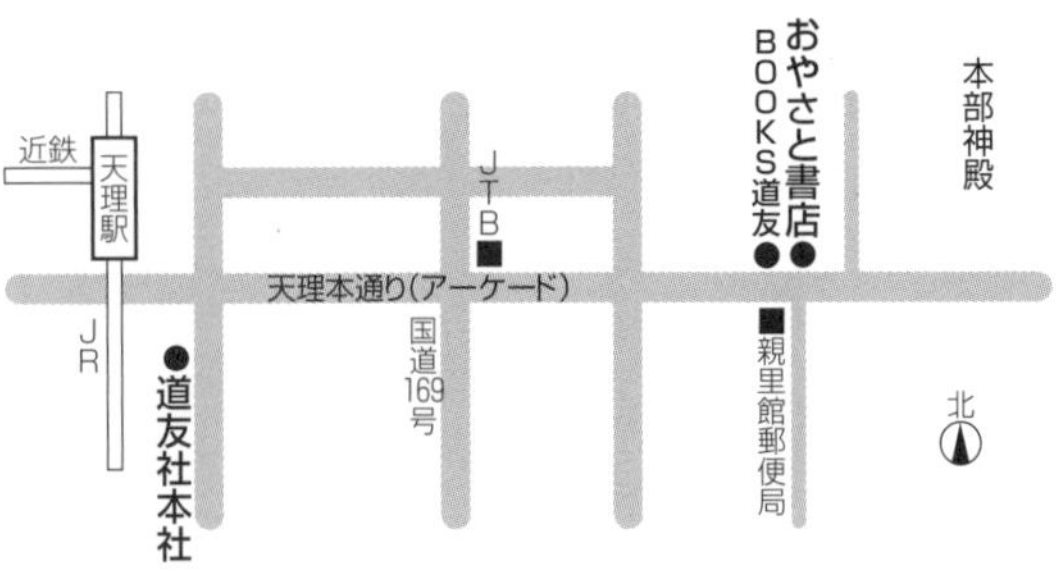

＊図の通り、天理本通り（アーケード街）に道友社の販売店があります。天理教道友社の各種出版物・CD・DVDをはじめ、教内各会発行の機関誌、一般出版社発行の天理教関係図書などを扱っています。

＊天理本通りの神具店、一般書店にも一部がそろっています。

＊週刊紙『天理時報』、月刊紙『天理時報特別号』の購読申し込みは道友社本社で。

＊また「道友社Webストア」でも各種販売物を扱っています。

URL = https://doyusha.net

※道友社…天理教の広報を担当する部署。